Observemos el tiempo

Nieve

Cassie Mayer

Heinemann Library
Chicago, Illinois

Photo research by Tracy Cummins, Tracey Engel, and Ruth Blair
Designed by Jo Hinton-Malivoire
Translated into Spanish and produced by DoubleO Publishing Services
Printed and bound in China by South China Printing Company

10 09 08 07 06
10 9 8 7 6 5 4 3 2 1

Library of Congress Cataloging-in-Publication Data
Mayer, Cassie.
  [Snow. Spanish]
  Nieve / Cassie Mayer.
     p. cm. -- (Observemos el tiempo)
  Includes index.
  ISBN 1-4034-8656-5 (hb - library binding) -- ISBN 1-4034-8664-6 (pb)
  1. Snow--Juvenile literature. I. Title.
  QC926.37.M3918 2007
  551.57'84--dc22
                          2006028245

Acknowledgments
The author and publisher are grateful to the following for permission to reproduce copyright material:
Corbis pp. **4** (cloud; sunshine, G. Schuster/zefa; rain, Anthony Redpath), **7** (Matthias Kulka), **8** (Craig Tuttle), **15** (Jonathan Blair), **16** (Grafton Marshall Smith), **17** (David Pollack), **20** (Darrell Gulin), **23** (snowflake, Matthias Kulka; blizzard, Grafton Marshall Smith); Getty Images pp. **4** (lightning; snow, Marc Wilson Photography), **5** (Marc Wilson Photography), **6** (Chris Hackett), **9** (Kennan Harvey), **14** (Yuri Dojc), **19** (Michael Dunning), **21** (Brian Bailey), **23** (water vapor, Kennan Harvey); Photo Researchers, Inc. p. **18** (B. & C. Alexander).

Cover photograph reproduced with permission of Getty Images (Stone/Christoph Burki).
Back cover photograph reproduced with permission of Getty Images (Brian Bailey).

Every effort has been made to contact copyright holders of any material reproduced in this book.
Any omissions will be rectified in subsequent printings if notice is given to the publisher.

Contenido

¿Qué es el tiempo?

El tiempo es cómo se siente el aire afuera.
El tiempo puede cambiar a cada rato.

El tiempo puede ser un día nevoso.

¿Qué es la nieve?

La nieve cae de las nubes.

La nieve cae cuando hace frío.

El vapor de agua viene de los seres vivos.

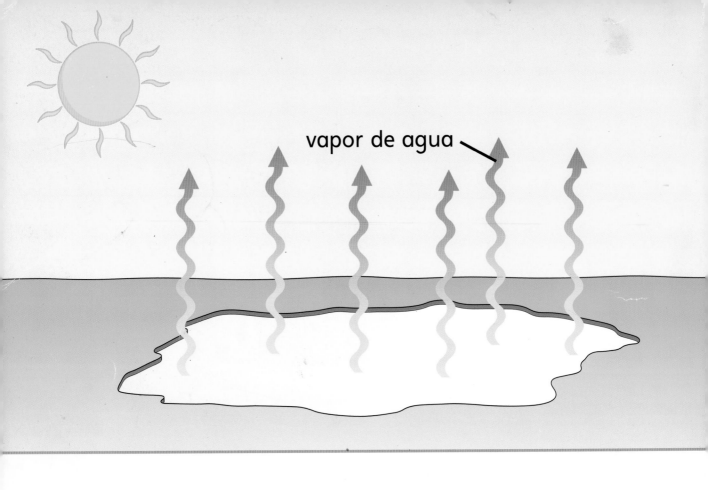

vapor de agua

El vapor de agua sube por el aire.

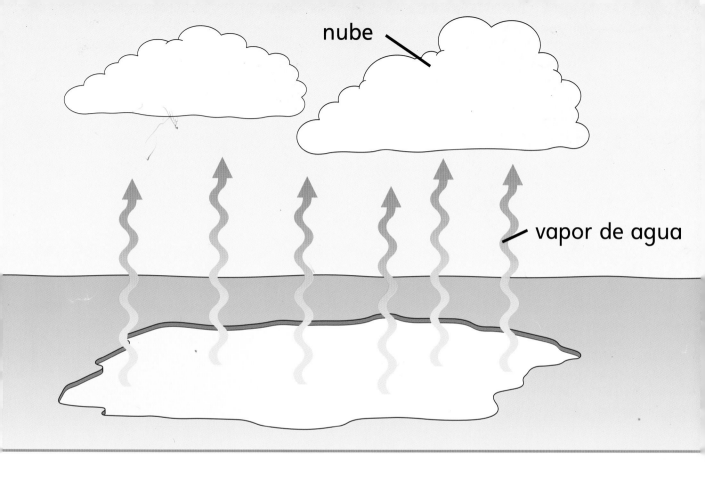

nube

vapor de agua

El vapor de agua forma nubes.

vapor de agua congelada

El vapor de agua se congela en las nubes.

copo de nieve

Entonces el vapor de agua forma copos de nieve. Grandes copos caen de las nubes.

Tipos de nieve

Cuando no hace mucho frío cae nieve densa.
La nieve densa se acumula.

Cuando hace mucho frío cae nieve ligera.
La nieve ligera no se acumula.

A veces nieva mucho.

Esto se llama ventisca.

Las ventiscas tienen vientos fuertes.

Las ventiscas pueden ser peligrosas.

La nieve alrededor del mundo

En algunos lugares nieva mucho.

En algunos lugares no nieva nunca.

¿Cómo nos ayuda la nieve?

Los seres vivos necesitan agua para crecer.
La nieve trae agua de vuelta a la tierra.

La nieve es una parte importante del tiempo. ¡También es divertida!

Qué ponerse cuando nieva

gorro

bufanda

abrigo

guantes

pantalones de nieve

botas de nieve

Glosario ilustrado

 **ventisca** una tormenta grande de nieve con vientos fuertes

 **copo de nieve** un pedacito de agua helada. Los copos de nieve caen de las nubes.

 **vapor de agua** parte del aire

23

Índice

Nota a padres y maestros
Esta serie presenta el concepto del tiempo y su importancia en nuestras vidas. Comente con los niños las diferencias en el tiempo que ya conocen y señale cómo el tiempo cambia con las estaciones.

En este libro, los niños investigan la nieve. Se incluyeron diagramas para que los estudiantes comprendan más facilmente cómo se forma nieve. El texto fue elegido con la ayuda de un experta en lecto-escritura, de modo que los lectores principiantes puedan leer con éxito tanto de forma independiente como con cierta ayuda. Se consultó a un experto en meteorología para que el contenido fuera acertado. Puede apoyar las destrezas de lecto-escritura para no ficción de los niños ayudándolos a usar la tabla de contenido, los encabezados, el glosario ilustrado y el índice.